태극기 휘날리며 3

정형시 3/4/5/6

태극기 휘날리며 3

최행신 시집

고두미

정형시 3/4/5/6

시조
3장 6구 43자 천부경 수리

천부경 대3합6생789에
대3합을 3장 6생을 6구로
운34 성환57에 운34로
1장 3/4 3/4
2장 3/4 3/4
3장 3/5 4/3
3장 5·6구는 운34 성환57에
양수인 3·4·5을 뒤집어 1시무종1을
적용하여 생긴 3/5 4/3에
4/3은 자수 43자로 맞추기 위함이다
대3합6생789에 7·8·9 와
운34 성환57에 7은
음수의 후수라 쓰지 않은 것으로 추정한다

3장 6구 43자로 쓰지 않는 글은
정형시가 아니다

정형시 3/4/5/6

시조가 적용한
천부경 대3합6생789에서
천지인 기본수 1·2·3의 합으로 생긴
음수의 첫수 6을 운34 성환57에
양수인 3·4·5에 붙여
정형시 3/4/5/6 만들다

3/ 사람(3) 살고 있는
4/ 우주 만물(3+1=4)
5/ 5행(3+2=5)
　　생성 지배하고 있으며
　　그 원기와 이치를 알고 있는
6　사람들(3+3=6)
　　보고 느끼는 마음을
　　말과 말의 기호로 표현 전달하고
　　서로를 배려하면서 뜻을 함께한다

그리고 지켜야 할 도리를 주고 받으며
살아가는 수리다

2연 3연 쓰고
1연은 일본 하이쿠 쓰고 있어
우리 민족의 예술적 미덕과 독자적 미학을 담기 위해
쓰지 않는다

정형시 3/4/5/6
카카오톡 오픈채팅방
2연 3연 써서 올리세요

태극기 휘날리며

태극기 대한민국
건이감곤 괘
3, 4, 5, 6 자수

정형시 3/4/5/6
백의민족 혼
한민족 정형시

우리는 태어나서
시인입니다
쓰고 남기세요

태극기 휘날리며 3 | 차례

요양 하늘 공원	__ 15
해 뜨는 아침	__ 16
써 보세요	__ 17
웃으며 살자	__ 18
까치	__ 19
까만 눈 반짝반짝 75세	__ 20
봄 병아리	__ 21
배꽃 밭에서	__ 22
봄의 향기	__ 23
봄봄봄	__ 24
이른 봄	__ 25
가을밤	__ 26
장대비	__ 27
홀로 핀 진달래	__ 28
어우렁더우렁	__ 29
그냥저냥	__ 30
꽃비 웃음	__ 31
벚꽃 진다	__ 32
제비꽃	__ 33
매화 너	__ 34
봄맞이	__ 35
행복하다	__ 36
하늘 소리	__ 37
내 사랑 그대	__ 38
꽃밭	__ 39

살아 있으니까	_ 40
꽃 이야기	_ 41
도깨비 꽃	_ 42
꽃 한 송이	_ 43
꽃바람	_ 44
봄나들이 가자	_ 45
예쁘다 예쁘다	_ 46
그러렴	_ 47
들꽃이 핀다	_ 48
좋다	_ 49
사랑	_ 50
가을 산	_ 51
영원히	_ 52
좋아해	_ 53
가슴앓이야	_ 54
그리운 비	_ 55
아버지	_ 56
어여쁜 햇빛	_ 57
내 마음 그대	_ 58
나의 가을	_ 59
들꽃 같은 그대	_ 60
들꽃아	_ 61
낙엽 떨어지며	_ 62
봄 햇살처럼	_ 63
봄 마음	_ 64

사랑물 넘친다	_ 65
배우고 배우자	_ 66
사랑한 여인	_ 67
꿈이야	_ 68
외로워하지 마	_ 69
여인아	_ 70
꽃	_ 71
겨울꽃	_ 72
중년이야	_ 73
가을 편지	_ 74
우리들의 봄	_ 75
고향 들판	_ 76
그립다	_ 77
가을	_ 78
꽃 멀미	_ 79
초가을	_ 80
꿈속의 사랑	_ 81
치자꽃 향기	_ 82
수선화 2	_ 83
내 가는 길	_ 84
소야곡	_ 85
당신은 희망	_ 86
분홍빛 봄이다	_ 87
들꽃	_ 88
장맛비 오는 팔월	_ 89

장맛비 소망	_ 90
여름 햇살	_ 91
가을 중년	_ 92
등산	_ 93
가을 산	_ 94
여름 산	_ 95
봄날	_ 96
있는 그대로	_ 97
꽃샘 바람	_ 98
무심천 벚꽃	_ 99
나그네	_ 100
산으로 가자	_ 101
봄 사랑	_ 102
가슴 벅찬 봄	_ 103
봄 가을 꽃	_ 104
뽀도독 뽀도독	_ 105
꽃길 꿈길	_ 106
꽃잎 송골송골	_ 107
바람꽃	_ 108
물망초	_ 109
종소리	_ 110
소망	_ 111

요양 하늘 공원

꽃 피는
꽃동산에
꽃구경하며
꽃처럼 살았다

만남의 인연이라
그대 만나서
행복하게 살다

해 밝은 파란 하늘
꽃구름 따라
얼씨구 두둥실

해 뜨는 아침

아침에 해가 뜨고
달 밝은 밤에
뜬구름 두둥실

가다가 넘어져도
바른길 가면
다치지 않지만

힘있다 자랑하다
쌍코피 터져
피 흘린 뒷모습

써 보세요

정형시 3/4/5/6
쉽게 써지는
한민족 정형시

이 세상 태어나서
이름 석 자를
남기고 가세요

누구나 읽어 보고
재미있어요
손뼉을 짝짝짝

웃으며 살자

웃으며 산다는 건
괜찮은 욕심
하하하 호호호

허풍을 떨어 가며
웃으며 살자
까르르 깔깔깔

웃음꽃 활짝 핀다
삼천리 강산
하하하 깔깔깔

까치

감나무 가지 앉아
까치가 깔깔
기쁘고 즐겁다

바둑이 대문 틈새
코를 대고서
기다려 기다려

울 애기 배고프다
맘마 달라자
햇살이 웃어요

까만 눈 반짝반짝 75세

민들레 홀씨 따라
흘러간 세월
눈물 글썽글썽

까만 눈 반짝반짝
빛나는 별빛
한글 쓸 줄 알아

봄 병아리

병아리 아장아장
찾아온 봄날
즐겁고 행복해

바람이 살랑살랑
꽃 향기 취해
꽃바람 춤바람

배꽃 밭에서

햇살이 투명한 날
꽃눈 내린다
싸륵 싸륵 싸륵

산등성 명지바람
포물선 꽃잎
파르르 떨면서

봉긋이 내민 가슴
수줍은 달밤
돌아선 뒷모습

봄의 향기

봄이야 불렀더니
돌아온 바람
꽃이야 꽃이야

꽃이야 불렀더니
찾아온 향기
행복해 사랑해

봄 봄 봄

보리밭 하얀 눈에
싹이 트면서
파릇 파릇 파릇

새하얀 매화 가지
까치 꼬리가
살랑 살랑 살랑

종달새 하늘 높이
날아오르며
봄봄 봄봄 봄봄

이른 봄

서둘러 봄바람에
웃음진 모습
눈발 날리는데

강직한 동백꽃도
웃다가 우는
선잠 깬 이른 봄

가을밤

적막과 조용함과
초조함마저
나무들 손 놓고

떠나는 숙명 앞에
떨리는 가슴
잠 못 든 가을밤

장대비

시름의 창문 열자
병실 안으로
쏟아진 장대비

가슴이 뻥 뚫린다
속 시원하다
오색 무지개다

홀로 핀 진달래

봄이야 새 봄이야
외롭지 않니
친구야 친구야

걱정을 왜 하는데
하늘 뜻이야
웃으며 웃으며

햇님도 방실방실
눈웃음 지며
좋은 아침이야

어우렁더우렁

태어나 지는 것을
어찌 막을까
어우렁더우렁

개똥에 넘어져도
웃으며 살자
어우렁더우렁

한바탕 춤을 추자
즐겁운 하루
어우렁더우렁

그냥저냥

궂은 날 바람 불고
눈보라 쳐도
그냥저냥 그냥

작다고 생각 말고
고마워하며
그냥저냥 그냥

살았다 살아 있어
행복하잖아
그냥저냥 그냥

꽃비 웃음

봄바람 살랑살랑
불어올 때는
방긋방긋 방긋

머리에 샤방샤방
꽃비 내린다
주룩주룩 주룩

벚꽃 핀다

봄비에 꽃바람에
벚꽃이 핀다
한 잎 한 잎 한 잎

가슴에 꽃비 젖어
스미는 마음
얼씨구 좋구나

제비꽃

오늘도 비에 젖어
남몰래 피는
하얀 슬픔인가

꽃이여 깨어나서
훨훨 날아라
하늘 높이 높이

매화 너

가녀린 가지마다
고결한 향기
연분홍 순정 꽃

수줍은 봄 햇살에
피어난 꽃잎
절개 높은 그대

봄맞이

희망찬 까치 깔깔
찬란한 아침
세상이 빛나고

안에 봄 밖에도 봄
향기가 가득
그대가 봄이야

행복하다

눈 뜨면 주어지는
소소한 일상
희망꽃 피우자

너와 나 웃으면서
꽃피는 하루
마냥 행복하다

하늘 소리

모두다 잘될 거야
걱정 말아요
하늘 소리 소리

희망이 꿈들꿈들
활기찬 아침
찬란한 날이다

내 사랑 그대

내 곁에 있어 줘요
내 사랑 그대
있는 듯 없는 듯

때로는 따스하게
봄 햇살처럼
있는 듯 없는 듯

꽃밭

눈물을 흘리다가
웃음 짓다가
꽃은 변덕쟁이

마음이 외롭다고
기쁨도 주는
웃고 우는 꽃밭

살아 있으니까

얼굴을 바라보니
반갑습니다
살아 있으니까

목소리 들어 보니
고맙습니다
살아 있으니까

눈빛이 마주치는
기쁨입니다
살아 있으니까

꽃 이야기

꽃이다 만나야지
나의 가슴속
피어난 꽃송이

내 너를 사랑한다
가슴을 열고
맑고 밝게 웃자

지금은 시작이야
재잘거리며
꽃 피는 이야기

도깨비 꽃

봄꽃은 도깨비 꽃
여기 저기서
뛰면서 피고요

봄꽃은 내 마음에
그리운 불씨
향기 가득한 날

꽃 한 송이

소망의 꽃 한 송이
햇살에 한 춤
곱게 곱게 곱게

불타던 추억 물결
수평선 넘어
흘러 흘러 흘러

그리움 품고 사는
행복이란다
반짝 반짝 반짝

꽃바람

새봄에 아지랑이
나비 춤추고
아리랑 아리랑

산새들 이 산 저 산
둥지를 틀자
푸르고 푸르고

봄나들이 가자

춥다고 꼬질꼬질
고양이 얼굴
꽃비에 씻기고

꼬까옷 갈아입힌
상큼한 봄날
날 보러 오세요

예쁘다 예쁘다

계절의 언덕에는
새들의 노래
화음 속 벌나비

아침에 금빛 햇살
춤추는 모습
예쁘다 예쁘다

그러렴

어차피 가야 할 길
쉬었다 가자
그러렴 그러렴

어차피 가는 세월
잡지 말아라
그러렴 그러렴

들꽃이 핀다

햇님이 마중 나와
구름 뒤 숨어
까꿍 까꿍 까꿍

들판에 이름 없는
들꽃이 핀다
힐끔 힐끔 힐끔

좋다

당신이 걸어가는
발자욱마다
꽃길이면 좋다

당신이 소망하는
기쁨의 뜰이
꽃밭이면 좋다

사랑

아침에 눈을 뜨면
떠오른 모습
사랑아 사랑아

조용한 목소리에
뛰는 내 심장
사랑아 사랑아

자꾸만 보고 싶어
잠 못 이루는
사랑아 사랑아

가을 산

가을은 남자 계절
사색의 언덕
흔들리지 않아

가을 산 오색 빛깔
아름다워서
일렁이는 바람

영원히

마음에 당신 있어
행복한 사랑
아름다운 선물

내 사랑 당신이야
가는 날까지
영원히 영원히

좋아해

있잖아 널 좋아해
보고 싶은 맘
가슴이 찡하다

좋아해 사랑해요
앵둣빛 얼굴
붉어지는 미소

가슴앓이야

가로등 졸고 있는
어두운 밤에
누가 누가 우나

귀 막고 가슴 닫고
잠들면 될 걸
웬 가슴앓이야

그리운 비

가슴에 한 알 한 알
박힌 그리움
빗줄기 퍼붓듯

그립다 더 그립다
쏟아지면서
펑펑 우는 하늘

아버지

감나무 꽃이 피면
우물 속으로
하늘이 비치고

뻐꾸기 울던 앞산
그대로인데
보이지 않아요

텅 빈 방 걸려 있는
사진 속 모습
아버지 아버지

어여쁜 햇빛

봄맞이 초대하는
요정들 모여
꼼지락 꼼지락

꽃망울 터뜨리는
어여쁜 햇빛
반짝 반짝 반짝

내 마음 그대

내 몸이 아파 아파
참을 수 없고
견딜 수 없어요

님 위해 아픈 거야
가는 날까지
참을 수 있어요

나의 가을

어느새 떠날 차비
서두르는 너
삐졌냐 삐졌어

그 고통 모르면서
행복해하며
원망해 원망해

자연에 순응하고
위로한 마음
황홀해 황홀해

들꽃 같은 그대

수줍고 고운 들꽃
보면 볼수록
즐겁고 행복해

꽃 피며 향기 젖은
그대와 만남
생애 축복이다

언제나 마음 속에
들꽃으로 핀
영원한 사랑아

들꽃아

들꽃이 피어 있네
보여도 그만
안 보여요 그만

혼자 한 눈물이라
알아도 그만
영 몰라도 그만

낙엽 떨어지며

잎새는 한 잎 두 잎
때때옷 입어
알록달록 하고

흘러간 세월이야
말해 무엇 해
그냥저냥 가자

봄 햇살처럼

새들의 사랑노래
꽃잎이 팡팡
아침 요란하다

꽃다지 눈웃음에
봄까치꽃도
새초롬 웃어요

봄바람 떠난 자리
웃음 봄꽃에
햇살 빨개진다

봄 마음

언 땅에 새싹 돋아
노오란 얼굴
봄마중 하는 날

초록빛 호사로워
심장이 콩닥
스미는 봄 마음

사랑물 넘친다

뜨락에 아지랑이
봄내음 안고
애교스런 몸짓

수줍은 실바람에
연둣빛 새순
풀빛 익은 미소

땅기운 품은 냄새
뜨거운 연정
사랑물 넘친다

배우고 배우자

열심히 사는 모습
보기가 좋다
배우고 배우자

인생길 깨달아서
고맙습니다
축복 건배 사랑

사랑한 여인

뜸해도 오던 문자
끊길 걸 보니
모두다 내 잘못

세상이 뒤집혀도
사랑한 여인
환하게 웃어요

꿈이야

들꽃이 피어 있고
새들의 노래
환영 환영 환영

한참을 걸어와서
뒤돌아 보니
꿈꿈 꿈꿈 꿈꿈

외로워하지 마

고독한 몸부림에
외로운 영혼
두렵고 싫어요

그대의 마음속을
내 어찌 알까
외로운 사람아

빗소리 추적추적
그대 생각에
하얀 밤 새운다

여인아

이 가을 걸어 봐요
연인과 함께
코스모스 꽃길

우리가 걷던 길에
그대을 만나
즐겁고 즐겁다

손 잡고 노래하며
마주 보면서
웃고 웃는 여인

꽃

사색이 깨어나는
해맑은 감성
콩닥콩닥 꽃꽃

꽃망울 망울망울
마음의 정원
꽃밭이라 꽃꽃

너도 꽃 나 역시 꽃
나누는 교감
함께 웃는 꽃꽃

겨울꽃

겨울에 피는 꽃은
하이얀 눈꽃
아름다운 순백

찬바람 불어와도
아랑곳 않고
마음꽃 피우고

초가집 굴뚝에는
연기꽃 핀다
모락모락 모락

중년이야

어느새 이곳까지
어찌 왔는가
허허로운 가슴

이 바람 세월 가슴
그리움 하나
눈물로 적시네

바람이 흔들고 간
중년의 가슴
폭풍속 회오리

가을 편지

스산한 가을바람
즐거운 노래
하루가 즐겁다

가을빛 물들이는
비가 내리면
온 산 물들이고

사랑도 그리움도
가을빛처럼
은은한 빛이다

우리들의 봄

옷깃에 꽃바람이
코끝 가까이
봄날에 스미고

봄비가 보슬보슬
풀꽃 피우고
새순이 돋아요

햇살에 꽃망울이
터지는 봄날
모두 행복이야

고향 들판

뻐꾸기 뻐꾹뻐꾹
아침을 열면
산수유 피고요

계곡물 졸졸졸졸
산딸기 앵두
빨갛게 익어요

나뭇잎 팔랑팔랑
산울림 따라
얼씨구나 좋다

그립다

가을비 주룩주룩
쏟아지는 날
그립고 그립다

가슴에 젖어 있는
사랑한 사람
그립고 그립다

가을

신선한 바람 불어
밤하늘 별빛
반짝 반짝 반짝

어디서 들려오는
풀벌레 소리
찌륵 찌륵 찌륵

꽃 멀미

봄이야 꽃불이야
알알이 봄빛
어질 어질 어질

봄날에 꽃비라도
내리는 봄날
어질 어질 어질

초가을

어느새 반팔 소매
긴팔 소매로
따신 물 그립다

뜨겁던 보신탕집
문지방에는
먼지가 쌓이고

짝짓기 여념 없던
고추잠자리
바지랑대 흔들

꿈속의 사랑

하찮은 풀 한 포기
뿌리가 있고
생명이 있지요

뜨거운 햇살 아래
부는 바람도
견디며 살아요

행복한 하루 하루
살아 있으니
축복 행복 사랑

치자꽃 향기

하얗게 피었다가
조용히 지며
떨어진 노란 꽃

어쩌면 그 향기가
마지막인가
사랑 사랑 사랑

수선화 2

고결한 꽃망울이
활짝 웃으면
세상 황홀하다

메마른 가슴에도
생기가 돌아
꿈이 살아난다

영원히 지지 말고
피어 있어라
너를 닮으리라

내 가는 길

자신이 하는 일에
보람을 갖고
정성 모아 보자

해맑고 밝은 마음
숨 크게 쉬고
함께 걸어 보자

소야곡

칠흑의 새까만 밤
어스름 달빛
사랑의 소야곡

그 햇살 그대 향기
마음에 품은
사랑의 소야곡

당신은 희망

힘들 때 기대 보는
그늘이 있는
푸른 나무 같다

당신과 함께하는
사실 하나로
활짝 핀 행복꽃

분홍빛 봄이다

봄바람 햇살처럼
따스한 그대
사랑하고 싶다

이른 봄 봄비처럼
촉촉한 그대
나의 사랑 사랑

분홍빛 물들이는
가득찬 마음
봄봄봄 봄 사랑

들꽃

봐 달라 알아 달라
몸부림쳐도
가고 마는 인생

들꽃이 무슨 들꽃
들꽃은 들꽃
들꽃 사랑 들꽃

장맛비 오는 팔월

장맛비 기다리는
나무가 있고
들꽃이 있단다

조금은 불편하고
넘쳐 나지만
널 위한 것 같다

장맛비 소망

소나기 같은 사람
만나고싶다
시원해 시원해

즐거운 노래 바람
백조를 타고
반갑다 반갑다

여름 햇살

태양빛 쏟아진다
실바람 방긋
하늘을 품고요

뜨거운 여름 햇살
과일 영글고
꿈도 익어 간다

가을 중년

한 줄기 바람 없이
가는 나그네
어디에 있을까

한 방울 눈물 없이
웃으며 사는
인생 어디 있나

한 생은 짧고 길고
하늘 푸르고
보름달 환하다

등산

여름 산 더 푸르고
가까이 있어
빛난 슬픔이다

한없이 숨이 차서
고개를 들면
높고 높은 하늘

가을 산

순진한 산 가슴에
불질러 놓자
온통 빨간 불꽃

사랑불 질러 놓고
떠난 여인아
어쩌란 말이야

여름 산

여름 산 바라보면
어릴 적에 본
젊었던 아버지

알통이 울퉁불퉁
정상에 앉아
환하게 웃어요

큰소리 울고불고
기어올라도
눈만 껌벅껌벅

봄날

낮에는 아름답고
밤은 밤대로
이야기꽃 핀다

목련꽃 피어나는
웃음 보따리
선물이 한아름

있는 그대로

꽃들은 자기다운
꽃으로 핀다
누구 닮지 않고

나무는 지닌 특성
있는그대로
모습 드러낸다

언제나 어디서나
있는 그대로
억지 쓰지 말자

꽃샘 바람

봄바람 살랑살랑
파릇한 봄을
가져다 주시고

봄 물빛 목도리를
매다 팽개친
갱년기 여인아

그렇게 까들스레
굴지 말어라
바람 바람 꽃샘

무심천 벚꽃

벚꽃비 내리는 날
손잡고 걷던
무심천 벚꽃길

벚꽃잎 즈려밟고
속삭이던 말
사랑해 사랑해

나그네

아무런 증오 없고
원망도 없이
홀로 선 사내야

가다가 길 보이면
길 따라 가며
노래나 불러라

산으로 가자

남몰래 가까이서
찾아오는 봄
산바람 불어요

산으로 가는 것도
즐거운 기쁨
행복한 맛이다

봄 사랑

봄 햇살 파란 하늘
모두 빛이고
사랑이라 하고

물 오른 가지마다
숨을 고르며
자유를 그린다

눈부신 햇살 넘어
피어난 꽃잎
생기가 흐른다

가슴 벅찬 봄

봄바람 불어오는
잠잠한 들판
한가득 물들고

겨우내 기다린 봄
퍼지는것을
막을 수 없어요

훈훈한 바람결에
꽃잎 향기가
가슴 가득하다

봄 가을 꽃

장엄한 표정으로
꽃이 피었다
그리고 난 봄꽃

연약한 모습으로
꽃 떨어진다
그리고 넌 가을

뽀도독 뽀도독

세월 일 상처 생겨
깨끗이 씻고
덮어 주는 사람

누군가 밟고 가도
즐거운 노래
뽀도독 뽀도독

저세상 가는 날도
누구에게나
아름다운 사람

꽃길 꿈길

그대가 고운 날개
몸에 걸치니
꽃길 천 리 만 리

향기 속 바람 타고
날아오르니
꿈길 천 리 만 리

꽃잎 송골송골

바람이 놀던 자리
그리움 꽃잎
송골 송골 송골

서로를 아는 마음
희망의 노래
옹알 옹알 옹알

바람꽃

그대여 꽃 피우는
바람이 불면
바람꽃 되겠소

바람을 사랑하는
바람이 불면
바람꽃 되겠소

물망초

물망초 연보라 꽃
잊지 마세요
그냥 그냥 살아

언제나 못 잊을 꽃
잊지 마세요
당신 그리워요

지금은 눈이 멀어
볼 수 없어요
기억해 주세요

종소리

깊은 산 깊은 고을
홀로 찾는 맘
그 마음 알겠다

종소리 맑고 맑아
하늘 울리며
마음도 울리네

은총은 하늘에서
내려주는 것
빛나게 하소서

소망

밤 새워 기도하며
바라는 소망
행복하게 살아

쓸쓸한 반백 머리
후회 없다고
웃고 웃는 사람

눈 내린 밤하늘에
달무리 보듯
뒤돌아보세요

태극기 휘날리며 3

2025년 5월 9일 초판 1쇄 발행

지은이 최행신
펴낸이 유정환
펴낸곳 도서출판 고두미
         등록 2001년 5월 22일(제2001-000011호)
         충북 청주시 상당구 꽃산서로8번길 90
         Tel. 043-257-2224 / Fax. 070-7016-0823
         E-mail. godumi@naver.com

ⓒ최행신, 2025
ISBN 979-11-91306-66-8 03810

※ 지은이와 협약에 따라 인지를 붙이지 않았습니다.
※ 잘못 된 책은 구입한 곳에서 바꾸어 드립니다.
※ 책값은 뒤표지에 표시하였습니다.